HILDE FORSTER

PUCKERL UND MUCKERL HELFEN BRUMMELBEIN

SCHRIFT VON ALOIS LEGRÜN

BILDER VON GERTI MAUSER-LICHTL

VERLAGSBUCHHANDLUNG
JULIUS BREITSCHOPF, WIEN

ISBN 3-7004-0803-X

Druck: Waldheim-Eberle, Wien

DIE ZWERGE SIND FLEISZIG

HEUTE IST EIN SCHÖNER SOM=
MERTAG. DIE SONNE SCHEINT HELL
UND WARM. DIE VÖGEL ZWITSCHERN.
KEIN LÜFTCHEN REGT SICH.

ABER DIE ZWERGE DENKEN
SCHON AN DEN WINTER UND SAM=
MELN VORRÄTE. SIE SIND FLEISZIG
AN DER ARBEIT, DENN DER WINTER
DAUERT LANG.

EIN ZWERG HAT AUF SEINEN
SCHUBKARREN EIN PAAR HASELNÜSSE
GELADEN UND FÜHRT SIE NUN NACH
HAUSE. ZWEI ZWERGENFRAUEN BREI=
TEN PILZE ZUM TROCKNEN AUS.
LUSTIGE ZWERGENKINDER KLETTERN
MIT VIEL GESCHREI IN DEN HIMBEER=
HECKEN UMHER UND PFLÜCKEN DIE

DUNKELROTEN BEEREN. DARAUS WIRD DIE MUTTER GUTE MARMELADE UND SÜSZEN SAFT BEREITEN.

NIEMAND WILL IM WINTER HUNGERN.

DORT DRÜBEN SÄGEN UND HAKKEN ZWEI ZWERGE AN EINEM STÜCK HOLZ HERUM. EIN FESTER FENSTERLADEN SOLL DARAUS WERDEN. JEDES ZWERGENHAUS MUSZ GUTE FENSTERLÄDEN HABEN, SONST DRÜCKT DER

WINTERSTURM DIE SCHEIBEN EIN.

DIE ZWERGE PLAGEN SICH SO SEHR, DASZ SIE SICH DIE SCHWEISZ=TROPFEN VON DER STIRN WISCHEN MÜSSEN. MANCHE SCHLEPPEN MOOS HERBEI UND VERSTOPFEN DAMIT DIE RITZEN IHRER HÄUSCHEN. ANDERE SAMMELN HOLZ UND STAPELN ES ZU HOHEN STÖSZEN AN DEN WET=TERGESCHÜTZTEN WÄNDEN.

ALLE SCHADHAFTEN DÄCHER WERDEN AUSGEBESSERT, ALLE FEN=STER UND TÜREN NACHGESEHEN, OB SIE AUCH GUT SCHLIESZEN.

NIEMAND WILL IM WINTER FRIE REN.

SÜSZER DUFT DRINGT AUS EINEM OFFENEN FENSTER. MUCKERL STEHT AM HERD UND KOCHT HIMBEEREN

EIN, PUCKERL RICHTET DIE GLÄSER HER. WENN DIE MUTTER NACH HAUSE KOMMT, SOLL ALLES FERTIG SEIN.

PUCKERL UND MUCKERL SIND JA SO FLEISZIG GEWORDEN! NIEMAND KÖNNTE ERRATEN, DASZ SIE EINMAL FAULE, GARSTIGE ZWERGENKINDER WAREN.

NUN WIRD DIE MARMELADE IN GLÄSER GEFÜLLT. WENN PUCKERL WEGSCHAUT, TAUCHT MUCKERL SCHNELL DEN ZEIGEFINGER IN DIE MARMELADE

UND SCHLECKT. AH! WIE GUT DAS SCHMECKT!

AUCH ZWERGEN MÄDCHEN NASCHEN GERNE!

DIE KINDER VERSCHLIESZEN DIE GLÄSER. SIE STÜLPEN GRÜNE BLÄT=TER DARÜBER UND BINDEN SIE MIT ZWERGEN ZWIRN FEST. PUCKERL TRÄGT DIE VOLLEN GLÄSER ZUM KÜCHEN=SCHRANK. ER STELLT SICH AUF DIE FUSZSPITZEN UND REIHT DIE GLÄSER IM OBERSTEN FACH EIN.

„DA WIRD SICH DIE MUTTER FREU=EN!" JUBELT MUCKERL. „WENN SIE NACH HAUSE KOMMT, IST ALLE AR=BEIT SCHON GETAN!"

„DAS WIRD EINE ÜBERRASCHUNG!" LACHT PUCKERL.

EIN SONNEN STRAHL FÄLLT DURCH

DAS FENSTER IN DIE ZWERGEN KÜ-
CHE. PUCKERL KOMMT VOLL EIFER MIT EINEM GROSZEN GLAS DAHER-GERANNT.

DA IST DER SONNEN STRAHL, DA IST PUCKERL! HOPPLA! DER ZWERGEN BUB SIEHT DIE SCHWELLE NICHT, STOLPERT UND FÄLLT AUF DIE NASE!

DAS GLAS ZERBRICHT IN TAUSEND SCHERBEN, DIE MARMELADE FÄRBT DEN SAUBEREN FUSZBODEN DUNKELROT.

PLÖTZLICH STEHT DIE MUTTER VOR DEN KINDERN.

„DAS IST JA EINE NETTE ÜBERRASCHUNG!" SAGT SIE UND RINGT DIE HÄNDE. ABER DANN SCHILT SIE DOCH NICHT, WEIL DIE KINDER ALLES SO GUT GEMEINT HABEN.

NACHBAR BRUMMELBEIN IST KRANK

DIE VÖGEL SINGEN NICHT MEHR. DIE SONNE WILL NICHT MEHR WARM SCHEINEN. AUF DEN WIESEN BLÜHEN NUR NOCH SELTSAME BLASZ LILA BLUMEN.

DER HERBST IST DA.

PFEIFEND FÄHRT DER WIND DURCH DEN WALD. DIE BÄUME ÄCHZEN UND STÖHNEN. BUNTE BLÄTTER TANZEN IN DER LUFT.

PUCKERL UND MUCKERL FRIEREN AUF IHREM HEIMWEG VON DER SCHULE.

DIE ZWERGENSCHULE LIEGT AUF EINEM HÜGEL AUSZERHALB DES DORFES, DAMIT DIE KINDER BEIM LERNEN

GENUG RUHE HABEN. PUCKERL UND MUCKERL LAUFEN DEN STEILEN WEG HINUNTER. SIE WOLLEN NICHT ZU SPÄT NACH HAUSE KOMMEN.

WIE DER WIND HEULT! WIE DIE BLÄTTER TANZEN! - DAS IST DER HERBST!

ATEMLOS UND MIT ZERZAUSTEN HAAREN KOMMEN PUCKERL UND MUCKERL HEIM ZUR MUTTER.

AM NACHMITTAG REGNET ES. DIE ZWERGENKINDER SITZEN AM

FENSTER UND SCHAUEN DEN DICKEN REGEN TROPFEN ZU, DIE HURTIG ÜBER DIE SCHEIBEN LAUFEN.

„ICH MÖCHTE SO GERN IM GARTEN SPIELEN!" SEUFZT MUCKERL.

„MIR IST LANG WEILIG!" BRUMMT PUCKERL.

PLÖTZLICH SPRINGT MUCKERL AUF. „ICH WEISZ ETWAS! ICH WEISZ ETWAS! GEHEN WIR ZU NACHBAR BRUMMELBEIN!"

PUCKERL IST EIN VERSTANDEN. „JA! GEHEN WIR ZU IHM. NIEMAND KANN SO SCHÖNE GESCHICHTEN ERZÄHLEN WIE NACH BAR BRUMMEL BEIN!"

DIE MUTTER HAT NICHTS DAGEGEN, DASZ DIE KINDER DEN NACH BAR BESUCHEN, UND SO HUSCHEN PUCKERL UND MUCKERL, DURCH EINEN MÄCHTIGEN

REGENSCHIRM GESCHÜTZT, SCHNELL INS NACHBARHAUS.

WO IST ER NUR, DER ZWERG BRUMMELBEIN?

IN DER SCHEUNE IST ER NICHT. IN DER KÜCHE IST ER AUCH NICHT.

DOCH DA DRÜBEN IM STÜBCHEN RÜHRT SICH ETWAS. DA IST ER JA! ABER, WAS HAT ER DENN? ZWERG BRUMMELBEIN SITZT IM LEHNSTUHL, IN KISSEN VERGRABEN, UND IST VON

DER NASENSPITZE BIS ZU DEN ZEHEN IN EINE DICKE, WARME DECKE GE-HÜLLT.

„NACHBAR BRUMMELBEIN, BIST DU KRANK?" RUFEN ERSCHROCKEN PUCKERL UND MUCKERL.

„HAST DU WIEDER DIE GICHT?" FRAGT MITLEIDIG MUCKERL.

„ICH HABE SIE NICHT, ABER SIE HAT MICH!" SCHERZT ZWERG BRUM-MELBEIN. GLEICH DARAUF MUSZ ER WIEDER STÖHNEN, WEIL IHN DIE SCHMERZEN SO SEHR PLAGEN.

„WARTE NUR, WIR WERDEN DICH SCHON GESUND PFLEGEN!" SAGT ZU-VERSICHTLICH PUCKERL UND SCHÜT-TELT DIE KISSEN AUF. MUCKERL ABER LÄUFT IN DIE KÜCHE, SCHÜRT IM HERD DIE GLUT UND LEGT TROK-

KENE SPÄNE DARAUF.

„ICH KOCHE DIR LINDEN BLÜTEN TEE!" RUFT MUCKERL, „DER HILFT IMMER!"

„JA, NUR DARFST DU DEN HONIG NICHT VERGESSEN!" ERINNERT PUCKERL.

MUCKERL VERGISZT DEN HONIG NICHT. DAS WASSER SIEDET SCHON. IN DER KÜCHE BEGINNT ES ZU DUFTEN,

UND BALD TRÄGT DAS ZWERGENMÄD-CHEN EINE TASSE DAMPFENDEN LINDENBLÜTENTEE ZU ZWERG BRUMMELBEIN INS STÜBCHEN.

LANGSAM UND MIT GENUSZ SCHLÜRFT DER ZWERG DAS HEISZE GETRÄNK.

„AH, DAS TUT GUT!" SEUFZT ER BEHAGLICH. „WIE DAS DIE ALTEN KNOCHEN WÄRMT! HÄTTE ICH JETZT NUR NOCH MEINE MEDIZIN, ICH WÜRDE BALD WIEDER GESUND WERDEN!"

„ICH HOLE DIR DEINE MEDIZIN!" SAGT EIFRIG PUCKERL UND LÄUFT ZUM WANDSCHRÄNKCHEN HIN.

TRAURIG SCHÜTTELT ZWERG BRUMMELBEIN DEN KOPF. „ICH HABE KEINE MEDIZIN MEHR, SIE IST MIR AUSGEGANGEN. MEIN WANDSCHRANK

IST LEER!"

„WO BEKOMMT MAN DIE MEDI-ZIN?" WILL PUCKERL WISSEN, „WIR BRINGEN DIR NEUE!"

ZWERG BRUMMELBEIN SCHÜTTELT DEN KOPF. „DAS KÖNNT IHR LEIDER NICHT, MAN BEKOMMT SIE NUR IN DER ZWERGENSTADT IN DER APOTHEKE ‚ZUR FLEISZIGEN BIENE'." DER WEG IN DIE STADT IST ABER VIEL ZU WEIT FÜR EUCH."

„WIE HEISZT DEINE MEDIZIN?" FRAGT PUCKERL.

„ACH, ICH WEISZ ES NICHT, ES IST EIN LANGES SCHWERES WORT. ABER DRÜBEN AUF DEM FENSTERBRETT STEHT EINE LEERE MEDIZINFLASCHE, AUF DER KÖNNT IHR ES LESEN!"

SCHNELL LÄUFT MUCKERL ZUR FLASCHE AUF DEM FENSTER BRETT UND BUCHSTABIERT MÜHSAM:

HEIL ALLEN SCHMERZ

„UND HEILT SIE WIRKLICH ALLEN SCHMERZ!" FRAGT PUCKERL GESPANNT.

„DEN MEINEN GEWISZ!" ANTWORTET LÄCHELND ZWERG BRUMMELBEIN. DOCH GLEICH DARAUF VERZIEHT SICH SEIN GESICHT GANZ JÄMMERLICH, WEIL IHN WIEDER GRIMMIGE SCHMERZEN PLAGEN.

PUCKERL UND MUCKERL SCHAUEN EINANDER VERSTOHLEN AN.

„ER MUSZ SEINE MEDIZIN BEKOMMEN!" FLÜSTERT PUCKERL ENTSCHLOSSEN.

DANN GEHEN DIE ZWERGENKINDER NACH HAUSE.

„JETZT HABEN WIR GAR KEINE GESCHICHTE GEHÖRT!" BEDAUERT MUCKERL.

„ABER LANGWEILIG IST MIR NICHT MEHR!" SAGT PUCKERL. SEIN KOPF STECKT VOLLER PLÄNE.

UNTERWEGS

DER ZWERGEN VATER UND DIE ZWERGEN MUTTER HABEN EIN GUTES HERZ, UND DA IHRE KINDER DOCH SCHON EINMAL IN DIE WEITE WELT GEZOGEN SIND UND NACHBAR BRUMMEL BEIN SEINE MEDIZIN BEKOMMEN MUSZ, ERLAUBEN SIE PUCKERL UND MUCKERL DIE WEITE REISE.

„ES KANN IHNEN GAR NICHTS GESCHEHEN! SIE FAHREN DOCH MIT DER SCHNELL POST!" SAGT DER VATER.

„UND IN DER STADT ÜBER NACHTET IHR BEI TANTE WINZIG!" BESTIMMT DIE MUTTER, „DORT SEID IHR GUT AUF GEHOBEN!"

AM FRÜHEN MORGEN GEHT DIE REISE LOS. DIE SCHNELL POST HALTE-

STELLE IST GLEICH DRAUSZEN VOR DEM DORF BEI DER KLEINEN FICHTE. HEUTE SCHEINT WIEDER DIE SONNE.

DER VATER UND DIE MUTTER SIND MITGEKOMMEN, UM DEN KIN= DERN EIN LEBEWOHL ZU WINKEN. IN EINEM BLAUEN BÜNDEL TRÄGT MUCKERL DAS ESSEN FÜR DIE WEITE REISE BEI SICH.

PLÖTZLICH DENKT MUCKERL AN DIE SCHULE. „BITTE, LIEBE MUTTER, VERGISZ NICHT, UNS BEI LEHRER KLUG ZU ENTSCHULDIGEN!"

„NEIN, NEIN", ERWIDERT DIE MUTTER, „ICH WERDE SCHON DARAN DENKEN! ER WIRD GEWISZ NICHT BÖSE SEIN, DASZ IHR DIE SCHULE VERSÄUMT, WENN ER HÖRT, WARUM IHR IN DIE STADT GEFAHREN SEID!"

„DIE SCHNELLPOST KOMMT!" SCHREIT AUFGEREGT PUCKERL DAZWISCHEN.

WIRKLICH, DA IST SIE SCHON! SECHS KUPFERROTE LAUFKÄFER SIND VOR DEN WAGEN GESPANNT. MIT EINEM RUCK BLEIBT DAS LEICHTE GEFÄHRT STEHEN. EIN MOOSMÄNNLEIN MIT GRÜNER MÜTZE IST DER EINZIGE FAHRGAST.

PUCKERL UND MUCKERL VERABSCHIEDEN SICH LEICHTEN HERZENS VON DEN ELTERN. ES IST DOCH NUR EIN ABSCHIED AUF KURZE ZEIT.

SCHNELLPOST-
HALTESTELLE

„SCHNELL, SCHNELL! STEIGT EIN!" DRÄNGEN DIE UNGEDULDIGEN LAUFKÄFER UND WINKEN MIT DEN FÜHLERN. KAUM SITZEN DIE ZWERGENKINDER AUF IHREN PLÄTZEN, LAUFEN DIE KÄFER AUCH SCHON LOS.

HUIII – NUN GEHT ES DAHIN! MUK=KERL WENDET DEN KOPF ZU VATER UND MUTTER ZURÜCK UND LÄSZT IHR WEI=SZES TASCHENTUCH FLATTERN. ABER BALD KANN SIE DIE ELTERN NICHT MEHR SEHEN.

„WOHIN GEHT DENN DIE REISE?"

FRAGT DAS MOOSMÄNNLEIN MIT DÜNNEM STIMMCHEN. DAS MÄNNLEIN IST KAUM HALB SO GROSZ WIE DIE ZWERGEN KINDER.

„WIR FAHREN IN DIE ZWERGENSTADT!" GIBT PUCKERL STOLZ AUSKUNFT. „WIR HOLEN DIE MEDIZIN FÜR UNSEREN KRANKEN NACHBAR BRUMMELBEIN."

DAS MOOSMÄNNLEIN SCHÜTTELT ENTRÜSTET DEN KOPF: „DASZ EURE ELTERN EUCH SO GANZ ALLEIN DIESE WEITE REISE MACHEN LASSEN! HABEN SIE DENN NICHT ANGST, DASZ EUCH ETWAS ZUSTOSZEN KÖNNTE?"

„DU REIST DOCH AUCH GANZ ALLEIN!" ENTGEGNET MUCKERL.

„DAS MOOSMÄNNLEIN ZIEHT EMPÖRT DIE SCHULTERN HOCH UND WENDET SEIN ALTES, VERHUTZELTES GESICHT DEN ZWERGEN KINDERN ZU.

„ACH SO, DU BIST JA GAR KEIN KIND!" STAMMELT MUCKERL VERLEGEN UND WIRD GANZ ROT, „- ICH DACHTE

NUR, WEIL DU SO KLEIN BIST..."

„PST!" PUCKERL TRITT SEINER SCHWESTER AUF DIE ZEHEN UND FLÜ-STERT IHR ZU: „SEI STILL, DU KRÄNKST DAS ALTE MÄNNLEIN!"

MUCKERL IST STILL UND SCHÄMT SICH SEHR. DAS MOOSMÄNNLEIN SPRICHT KEIN EINZIGES WORT MEHR, NUR PUCKERL TUT SO, ALS WÄRE NICHTS GESCHEHEN.

BEI DER HOHEN FÖHRE STEIGT DAS MOOSMÄNNLEIN AUS UND VERSCHWIN-DET EILIG ZWISCHEN KNORRIGEM WUR-ZELWERK.

„DEN HAST DU ABER BÖSE GE-MACHT!" SAGT PUCKERL.

„UND ICH HABE ES GAR NICHT SCHLIMM GEMEINT!" ENTSCHULDIGT SICH MUCKERL.

NUN ERST, DA DAS GRIESGRÄMIGE MOOSMÄNNLEIN AUSGESTIEGEN IST, WIRD DIE FAHRT LUSTIG. SO SCHNELL GEHT ES DAHIN, DASZ PUCKERL UND

MUCKERL VOR FREUDE JAUCHZEN.

„WIR FLIEGEN JA!" JUBELT MUK=KERL HELLAUF.

„ABER NEIN!" BRUMMT EINER DER SECHS KÄFER, „WIR KÖNNEN GAR NICHT FLIEGEN!"

NACH GERAUMER WEILE HÄLT DIE SCHNELLPOST UNVERSEHENS AN.

„WIR SIND MÜDE!" JAMMERT EIN KÄFER, „WIR HALTEN RAST! IHR KÖNNT AUSSTEIGEN UND EUCH EIN WENIG BE=WEGUNG MACHEN!"

PUCKERL UND MUCKERL SPRINGEN FRÖHLICH INS GRAS. DAS ZWERGENMÄDCHEN TRÄGT DAS BLAUE BÜNDEL MIT DEM ESSEN. DER ZWERGENBUB SUCHT ZWEI WEICHE SITZPLÄTZE IM MOOS.

„HÖRST DU, WIE MEIN MAGEN KNURRT?" FRAGT PUCKERL.

„DA HAST DU!" MUCKERL REICHT IHREM BRUDER EIN STÜCK KUCHEN, DANN SUCHT SIE DIE SCHÖNSTE HASELNUSZ AUS UND LEGT SIE AUF EIN GLÄNZENDES BLATT. ALS TISCH BENÜTZEN SIE EINEN GROSZEN, GLATTEN STEIN. MUCKERL RICHTET ALLES APPETITLICH AN. IN DIE MITTE STELLT SIE EINE FLASCHE HIMBEERWASSER.

DIE ZWERGENKINDER ESSEN SICH SATT UND STILLEN IHREN DURST.

„EINSTEIGEN!" RUFT EIN KÄFER,

„WIR MÜSSEN WEITER! WIR WOLLEN IN DER STADT SEIN, BEVOR ES DUNKEL IST!"

SCHNELL RÄUMT MUCKERL DEN

TISCH AB. DIE LEERE FLASCHE KOMMT IN DAS BLAUE BÜNDEL. ES DARF NICHTS LIEGEN BLEIBEN. WIE SÄHE DENN DER WALD AUS, WENN NICHT EINMAL DIE ZWERGEN KINDER ORDNUNG HIELTEN!

FRÖHLICH GEHT DIE REISE WEITER. NIEMANDEM KNURRT MEHR DER MAGEN. ZUFRIEDEN LEHNT PUCKERL IN SEINER ECKE UND GUCKT UNERMÜDLICH NACH ALLEN SEITEN. ALS DIE SCHATTEN LÄNGER WERDEN, ERBLICKT ER DIE TÜRME UND DÄCHER DER NAHEN STADT.

„WIR SIND DA!" SAGT ER UND IST ÜBER ALL DAS FREMDE RINGSUM EIN BISZCHEN AUFGEREGT.

„SEID MORGEN FRÜH WIEDER PÜNKTLICH ZUR STELLE!" MAHNEN DIE LAUFKÄFER. „WIR KÖNNEN NICHT WARTEN. UM ACHT UHR GEHT DIE REISE LOS!"

IN DER ZWERGEN STADT

SCHÜCHTERN UND EIN WENIG ÄNGSTLICH DRÜCKEN SICH PUCKERL UND MUCKERL AN DEN WÄNDEN DER HOHEN HÄUSER ENTLANG. WAS IST DAS FÜR EIN LÄRM UND GETRIEBE HIER! AUF DER STRASZE HOLPERN LACKGLÄN=ZENDE KUTSCHEN DAHIN. FLINKE HEU=PFERDCHEN SIND VORGESPANNT. PEIT=SCHEN KNALLEN, KUTSCHER SCHREIEN! PUCKERL UND MUCKERL WISSEN KAUM, WIE SIE ÜBER DIESE GEFÄHRLICHE STRA=SZE KOMMEN SOLLEN. ABER DORT AUF DER KREUZUNG STEHT EIN WACHMANN. ER WINKT DEN KINDERN ZU. NUN KÖNNEN SIE RUHIG UND SICHER DIE STRASZE ÜBERQUEREN.

SO VIELE ZWERGE SIND UNTER=WEGS. ALLE HABEN GROSZE EILE. WIE SIE NUR HASTEN, GERADE SO, ALS OB EINER DEM ANDEREN NACHLAUFEN WOLLTE! PUCKERL UND MUCKERL

MÜSSEN LACHEN. SIE HALTEN EINANDER FEST AN DER HAND UND GEHEN WEITER.

WAS FÜR SCHÖNE GESCHÄFTE ES IN DER ZWERGENSTADT GIBT! UND SO GROSZE SCHAUFENSTER! HINTER BLANKEN SCHEIBEN LIEGEN HIER UNZÄHLIGE KLEIDUNGSSTÜCKE ZUM ANSEHEN AUSGEBREITET. IM NÄCHSTEN GESCHÄFT GIBT ES SCHUHE IN ALLEN GRÖSZEN UND IN DEN SCHÖNSTEN FARBEN.

PUCKERL BLEIBT STEHEN. ER HAT EIN PAAR WUNDERSCHÖNE BERGSCHUHE ENTDECKT. DIE HÄTTE ER GAR ZU GERN.

IN DER NÄCHSTEN AUSLAGE SIND TASCHEN UND KOFFER ZU BERGEN GETÜRMT, DORT DRÜBEN LOCKEN DIE KÖSTLICHSTEN NÄSCHEREIEN. DIE KINDER STAUNEN UND STAUNEN! FAST VERGESSEN SIE, WOZU SIE HIERHER GEKOMMEN SIND. ABER DANN DENKT MUCKERL DOCH AN ZWERG BRUMMELBEIN.

„WIE SOLLEN WIR NUR DIE APOTHEKE FINDEN?" FRAGT SIE VERZAGT.

PUCKERL GIBT KEINE ANTWORT. SEINE BLICKE WANDERN AUFMERKSAM VON EINEM GESCHÄFTSSCHILD ZUM ANDERN.

„DORT IST SIE!" SCHREIT ER UND WEIST MUCKERL DIE RICHTUNG. „SIEHST DU DIE GOLDENE BIENE ÜBER DER EINGANGSTÜR?"

ERLEICHTERT ATMET MUCKERL

AUF. SIE IST SEHR STOLZ AUF IHREN BRUDER. ALLEIN HÄTTE SIE DIE APOTHEKE BESTIMMT NICHT GEFUNDEN.

PUCKERL UND MUCKERL TRETEN EIN. DAS ZWERGEN MÄDERL SCHNUPPERT. HIER RIECHT ES SO GUT. DER APOTHEKER HAT EINEN WEISZEN MANTEL AN UND TRÄGT EINE GROSZE HORNBRILLE. SEIN HAAR UND SEIN LANGER BART GLÄNZEN WIE SILBER.

„WOMIT KANN ICH DIENEN?“ FRAGT

APOTHEKE

DER APOTHEKER.

„BITTE, EINE GROSZE FLASCHE HEILALLENSCHMERZ FÜR UNSEREN NACHBAR BRUMMELBEIN!" GIBT PUKKERL MUTIG BESCHEID.

DER ZWERGENAPOTHEKER NIMMT AUS EINEM REGAL EINE LEERE MEDIZINFLASCHE UND STELLT SIE AUF DIE EINE SCHALE DER WAAGE. AUF DIE ANDERE WAAGSCHALE LEGT ER KLEINE GEWICHTE, BIS DAS GLEICHGEWICHT HERGESTELLT IST. PUCKERL UND MUCKERL SEHEN AUFMERKSAM ZU UND SPRECHEN KEIN WORT. BEI DIESER ARBEIT DARF MAN NICHT STÖREN.

MIT ERNSTER MIENE HOLT DER APOTHEKER DREI GROSZE FLASCHEN HERBEI, GIESZT EIN WENIG VON EINER GOLDGELBEN FLÜSSIGKEIT, ETWAS MEHR VON EINER GIFTGRÜNEN UND ZULETZT ETWAS, DAS WIE MILCH AUSSIEHT, IN DIE MEDIZINFLASCHE AUF DER WAAGE. ALLES WIRD GE-

NAU ABGEWOGEN UND DANN TÜCHTIG GESCHÜTTELT.

JETZT NIMMT DER APOTHEKER SEINE FEDER ZUR HAND: „DREIMAL TÄGLICH ZWEI GROSZE ESZLÖFFEL!" SCHREIBT ER AUF EIN SCHILDCHEN. DAS KLEBT ER SORGFÄLTIG AUF DIE FLASCHE.

„BEZAHLEN WIRD NACHBAR BRUM=MELBEIN SELBST, WENN ER WIEDER GESUND IST UND DAS NÄCHSTE MAL IN DIE STADT KOMMT!" SAGT PUCKERL, ALS IHM DER APOTHEKER DIE FERTIGE ARZNEI ÜBERREICHT.

„IST SCHON RECHT", LACHT DER ZWERGENAPOTHEKER. „UND WEIL IHR SO BRAV SEID, SCHENKE ICH EUCH EIN PÄCKCHEN HUSTENZUCKERLN. DA!"

„DANKE SCHÖN, HERR APOTHEKER!"

DANN STEHEN DIE KINDER WIEDER AUF DER STRASZE.

„DAS HABEN WIR FEIN GEMACHT!" LACHT MUCKERL UND STRAHLT ÜBER DAS GANZE GESICHT.

„NUN MÜSSEN WIR NOCH TANTE WINZIG FINDEN!" PUCKERL NIMMT AUS DER HOSEN TASCHE DEN ZETTEL, AUF DEM DIE ADRESSE VERMERKT IST. „KORN BLUMEN STRASZE 5! WIE SOLLEN WIR NUR DEN WEG DAHIN FINDEN?"

„DORT STEHT EIN WACH MANN, DEN FRAGEN WIR! MUTTI HAT GESAGT, WIR SOLLEN NUR EINEN WACHMANN FRAGEN, WENN WIR UNS NICHT ZURECHT FINDEN!"

SCHNUR STRACKS GEHT SIE AUF DEN WACH MANN ZU UND BITTET IHN UM AUS KUNFT. FREUND LICH ERKLÄRT ER IHR DEN WEG. MUCKERL HÖRT AUF MERKSAM ZU, DANN DANKT SIE ARTIG.

„PUCKERL, KOMM! ES IST NICHT WEIT! ICH WEISZ DEN WEG GANZ GENAU!" SAGT MUCKERL STOLZ UND NIMMT IHREN BRUDER AN DER HAND.

DIE ZWERGEN KINDER ÜBER QUEREN DEN HAUPT PLATZ, BIEGEN IN EINE SEITEN GASSE EIN UND STEHEN FÜNF

MINUTEN SPÄTER VOR TANTE WINZIGS HAUS.

„WENN SIE NUR DAHEIM IST!" SEUFZT MUCKERL SORGENVOLL UND WIRFT EINEN BLICK ZUM HIMMEL, AUF DEM SCHON DIE ERSTEN STERNE FUNKELN.

RASCH ENTSCHLOSSEN ZIEHT PUK-KERL AN DER GLOCKE. ES DAUERT EINE WEILE, DANN SIND SCHLURFEN-DE SCHRITTE ZU HÖREN, EIN SCHLÜS-

SEL DREHT SICH KNARREND IM SCHLOSZ – DIE TÜR GEHT AUF! TANTE WINZIG ÖFFNET SELBST.

„PUCKERL! MUCKERL!" RUFT SIE ÜBERRASCHT UND SCHLIESZT DIE BEIDEN MÜDEN KLEINEN FREUDIG IN DIE ARME.

BEIM ABENDESSEN ERZÄHLEN PUK= KERL UND MUCKERL, WIE UND WARUM SIE IN DIE STADT GEKOMMEN SIND. TANTE WINZIG STAUNT NICHT WENIG UND VERWAHRT DIE FLASCHE MIT DER KOSTBAREN MEDIZIN IM KÜCHENSCHRANK.

„MUCKERL HAT GEGLAUBT, DAS MOOSMÄNNLEIN SEI EIN KIND", ER= ZÄHLT PUCKERL LACHEND. ABER MUK= KERL ÄRGERT SICH GAR NICHT UND SPRICHT AUCH NICHTS. TANTE WINZIG MERKT, DASZ MUCKERL EINGESCHLAFEN IST.

„IHR ARMEN, ARMEN KLEINEN! SO MÜDE SEID IHR SCHON? NUN ABER RASCH IN DIE BETTEN! MORGEN MÜSZT IHR FRÜH HERAUS." TANTE WINZIG

NIMMT DAS SCHLAFENDE MUCKERL UND TRÄGT ES HINAUF INS STÜBCHEN. PUCKERL LEUCHTET MIT DER KERZE.

NUN WIRD MUCKERL ZU BETT GEBRACHT UND WACHT NICHT EINMAL DABEI AUF. RASCH SCHLÜPFT AUCH PUCKERL UNTER DIE DECKE.

„GUTE NACHT, TANTE WINZIG!" SAGT DER ZWERGEN BUB. ER GÄHNT, UND KLAPS, FALLEN IHM DIE AUGEN ZU. NUN SCHLÄFT AUCH ER. TANTE WINZIG BLÄST DIE KERZE AUS UND GEHT AUF FUSZSPITZEN AUS DEM STÜBCHEN.

EIN RABE, EIN SCHLITTEN UND EIN FLINKES EICHHÖRNCHEN

AM NÄCHSTEN MORGEN BEGLEITET TANTE WINZIG DIE KINDER ZUR HALTESTELLE. PUCKERL TRÄGT STOLZ EINEN KLEINEN RUCKSACK, DEN HAT IHM DIE GUTE TANTE GESCHENKT. IN DER MITTE DES RÄNZLEINS STECKT DIE MEDIZINFLASCHE, MIT EINEM WOLLENEN SCHAL DICK UMWICKELT, RUNDHERUM IST ALLES MIT ESSEN UND NÄSCHEREIEN VOLLGESTOPFT.

„IHR SOLLT NICHT HUNGER LEIDEN AUF EURER WEITEN REISE! UND GEBT NUR JA ACHT, DASZ IHR DIE FLASCHE NICHT ZERSCHLAGT!"

PUCKERL UND MUCKERL NICKEN EIFRIG. SIE WOLLEN DIE MEDIZINFLASCHE SCHON WOHLBEHALTEN ZU NACHBAR BRUMMELBEIN BRINGEN.

DIE SCHNELLPOST KOMMT UM DIE ECKE GESAUST! HURTIG STEIGEN DIE ZWERGENKINDER EIN, SIE WISSEN, DASZ DIE SCHNELLFÜSZIGEN KÄFER RECHT UNGEDULDIGE GESELLEN SIND.

„AUF WIEDERSEHEN, TANTE WINZIG! LEB WOHL!"

„AUF WIEDERSEHEN, LIEBE KINDER! KOMMT GUT NACH HAUSE UND GRÜSZT MIR EURE ELTERN!"

HEUTE LAUFEN DIE KÄFER NOCH SCHNELLER ALS GESTERN. BALD IST VON DEN DÄCHERN UND TÜRMEN DER ZWERGEN STADT NICHTS MEHR ZU SEHEN.

„MIR IST SO KALT!" KLAGT MUKKERL UND KUSCHELT SICH ENG AN IHREN BRUDER.

„DAS KOMMT VON DER RASCHEN FAHRT!" MEINT PUCKERL UND REIBT SICH DIE ROT GEFRORENEN HÄNDE.

DIE KÄLTE KOMMT ABER NICHT NUR VON DER RASCHEN FAHRT, ES IST WIRKLICH KÄLTER GEWORDEN. DIE SECHS KUPFER ROTEN LAUF KÄFER WERDEN MIT EINEM MALE RECHT MÜRRISCH. SIE VER LANG SAMEN IHRE SCHRITTE, UND NACH EINER WEILE KRABBELN SIE NUR NOCH GANZ MÜDE UND VERDROSSEN DAHIN. SO – NUN WOLLEN SIE ÜBERHAUPT NICHT MEHR. SIE BLEIBEN STEHEN.

„HIER IST DOCH GAR KEINE HALTESTELLE!" STAUNT PUCKERL.

„O JA!" BRUMMT DER GRÖSZTE KÄFER, „HIER IST SOGAR DIE END=STATION! UNS IST ZU KALT! WIR KÖN-NEN NICHT MEHR WEITER UND MÜSSEN UNS BEIZEITEN EIN WARMES PLÄTZCHEN UNTER DER ERDE SUCHEN!"

SPRICHT'S UND IST MIT SEINEN FÜNF KUPFERROTEN BRÜDERN AUCH SCHON UNTER LAUB UND GRAS VER-SCHWUNDEN.

PUCKERL UND MUCKERL SCHAUEN

EINANDER RATLOS AN.

„WAS NUN?" FRAGT DAS ZWERGEN-MÄDERL VERZAGT.

„WIR MÜSSEN EBEN ZU FUSZ NACH HAUSE GEHEN!" ERKLÄRT PUCKERL. ER NIMMT SEINEN RUCKSACK AUF DEN RÜCKEN, FASZT SEIN SCHWESTERLEIN AN DER HAND UND MACHT SICH AUF DEN WEG.

VOM GEHEN UND VON DER KÄLTE BEKOMMEN DIE KINDER ROTE BACKEN, BALD ABER AUCH MÜDE FÜSZE. MUK-KERLS SCHRITTE WERDEN IMMER KÜRZER.

DA KOMMEN ZWEI SCHNECKEN DES WEGES GEKROCHEN.

„FEIN!" JUBELT PUCKERL, „WIR BIT-TEN SIE, DASZ SIE UNS MITNEHMEN. DIE SCHNECKENPOST FÄHRT ZWAR LANG-SAM, ABER MAN WIRD DABEI NICHT MÜDE!"

„LIEBE SCHNECKEN, NEHMT UNS DOCH EIN STÜCKCHEN MIT!" BITTET MUK-KERL.

„EI JA, STEIGT NUR AUF!" NICKEN DIE SCHNECKEN MIT DEN FÜHL HÖRNERN FREUNDLICH.

DIE ZWERGEN KINDER FREUEN SICH SEHR UND FINDEN DIE LANG SAME REI-SE RECHT GEMÜTLICH. SIE ESSEN VON DEN GUTEN DINGEN, DIE TANTE WIN-ZIG IN DEN RUCK SACK GEPACKT HAT. NACH EINER WEILE ABER FRIEREN PUCKERL UND MUCKERL JÄMMER LICH. NUN FÄNGT ES GAR ZU SCHNEIEN AN. DICKE FLOCKEN FALLEN LANG SAM AUF DIE ERDE NIEDER.

Eine Schneeflocke setzt sich auf das linke Fühlhorn einer Schnecke.

„Oho! Was ist denn das?" Erschrocken macht die Schnecke halt. „Das ist ja eine Schneeflocke! Da haben wir uns heuer sehr verspätet! Liebe Kinder, seid nicht böse, aber steigt schnell ab! Wir müssen uns ein warmes Plätzchen für den Winter suchen und unsere Häuschen versperren!"

Puckerl und Muckerl müssen ihre Plätze auf den Schneckenhäuschen verlassen. Die beiden Schnekken kriechen, so schnell sie können, ins hohe Gras.

Die Zwergenkinder stehen traurig da. Verzagt gehen sie ein Stück weiter. Es schneit immer mehr, bald ist alles ringsum weisz.

„Krah, krah –
Winter ist da!"

Eine Krähe krächzt ober ihnen

AUF EINEM AST. GLEICH IST PUCKERL WIEDER VOLLER HOFFNUNG.

„LIEBE KRÄHE, DU BIST SO STARK! DU KANNST UNS LEICHT AUF DEINEM RÜCKEN TRAGEN! BITTE, FLIEG MIT UNS NACH HAUSE, SONST MÜSSEN WIR ERFRIEREN!"

DIE KRÄHE SCHAUT PUCKERL UND MUCKERL ZUERST MIT DEM RECHTEN AUGE, HERNACH MIT DEM LINKEN AUGE AN, DANN FLATTERT SIE ZU

BODEN UND LÄSZT DIE ZWERGENKINDER AUF IHREN RÜCKEN KLETTERN.

„WOHIN WOLLT IHR EIGENTLICH?" FRAGT DIE KRÄHE.

„INS ZWERGENDORF!" ANTWORTET PUCKERL. „DU WIRST ES SCHON NICHT VERFEHLEN."

„ICH HABE NOCH NIE EIN ZWERGENDORF GESEHEN", SAGT DIE KRÄHE, ABER ICH WILL SCHON DIE AUGEN OFFEN HALTEN!" MIT KRÄFTIGEM FLÜGELSCHLAG HEBT SIE SICH VOM BODEN UND – HEISSA – GEHT ES DURCH DIE LUFT DAHIN.

„HALT DICH FEST AN!" MAHNT MUCKERL DEN BRUDER. BEIDE DUCKEN SICH, SO GUT ES GEHT, INS GEFIEDER DER KRÄHE. DA HABEN SIE ES EIN BISZCHEN WARM.

ES SCHNEIT SO STARK, DASZ PUKKERL UND MUCKERL KAUM ETWAS SEHEN KÖNNEN. IHRE MÜTZEN UND HAARE SIND VOLL SCHNEE. DER WIND

SAUST IHNEN HIER OBEN KALT UM DIE OHREN. WIE LANGE WIRD DER FLUG NOCH DAUERN?

JÄH WENDET SICH DIE KRÄHE DER ERDE ZU UND SETZT SO RASCH AUF DER WEICHEN SCHNEEDECKE AUF, DASZ DER SCHNEE HOCH AUFSTIEBT UND DIE ZWERGLEIN LINKS UND RECHTS HINUNTERPURZELN.

„IHR SEID ZU HAUSE!" STELLT DIE KRÄHE FEST, „DA IST EUER DORF! LEBT WOHL, ICH MUSZ NOCH WEITER!"

BEVOR PUCKERL UND MUCKERL ETWAS ERWIDERN KÖNNEN, IST DIE KRÄHE

AUFGEFLOGEN UND IM DICHTEN SCHNEE-TREIBEN VERSCHWUNDEN.

„WO IST DAS DORF?" STAMMELT MUCKERL UND PUTZT SICH DEN SCHNEE AUS DEN KLEIDERN.

„DORT SIND HÄUSER!" PUCKERL ZEIGT MIT DEM FINGER HIN. „ABER DIE KRÄHE HAT SICH GEIRRT, DAS IST NICHT UNSER DORF! ES IST EIN RICH-TIGES MENSCHENDORF!"

NUN WEISZ PUCKERL ZUM ERSTEN MALE KEINEN RAT, ER HAT ALL SEI-NEN MUT VERLOREN. WAS SOLLEN SIE NUR TUN?

LUSTIGE KINDERSTIMMEN KOMMEN NÄHER, EIN SCHLITTENGLÖCKLEIN KLIN-GELT DAZWISCHEN.

„VERSTECKEN WIR UNS!" FLÜSTERT ÄNGSTLICH MUCKERL.

DIE ZWERGENKINDER DUCKEN SICH HINTER SCHWARZBEERBÜSCHE, DIE AM WEGE STEHEN.

DA SIND DIE MENSCHENKINDER

SCHON. SIE ZIEHEN EINEN KLEINEN SCHLITTEN, DER MIT DÜRREN ÄSTEN BELADEN IST, EIN AST SCHLEIFT HINTEN NACH.

„PACK ZU!" ZISCHELT PUCKERL SEINER SCHWESTER INS OHR, „DA STEIGEN WIR AUF!"

ER REISZT MUCKERL MIT SICH - - ZWEI SPRÜNGE - - SIE HABEN DEN AST ERREICHT! ES IST MÜHSAM, DARAN HOCH ZUKLETTERN, ABER DANN SITZEN SIE DOCH AUF DEM SCHLITTEN.

LACHEND UND PLAUDERND UND NICHTS AHNEND LAUFEN DIE ZWEI MENSCHEN KINDER AUF IHREN LANGEN

BEINEN DAHIN.

„FEIN, SO KOMMEN WIR SCHNELL NACH HAUSE!" JUBELT PUCKERL UND HAT ALLE ANGST UND SORGE VERGESSEN.

„ES IST BESTIMMT NICHT MEHR WEIT!" LACHT MUCKERL GLÜCKLICH.

EIN WEILCHEN GEHT ES FRÖHLICH DAHIN, UND DANN IST AUCH DIESE FAHRT ZU ENDE. DIE BEIDEN MENSCHENKINDER BIEGEN IN EINEN WEG EIN, DER ZU EINEM EINSAM LIEGENDEN GEHÖFT FÜHRT. BLITZSCHNELL SPRINGEN PUCKERL UND MUCKERL AB.

„NUN KENNE ICH MICH SCHON AUS!" BEHAUPTET PUCKERL, „WIR KOMMEN VON HIER AUS AUCH ZU FUSZ NACH HAUSE, ES IST NICHT MEHR GAR SO WEIT!"

„DAS IST JA DIE FÖHRE, BEI DER GESTERN DAS BRUMMIGE MOOSMÄNNLEIN AUSGESTIEGEN IST!" KICHERT MUKKERL UND STAPFT HINTER DEM BRUDER DURCH DEN TIEFEN SCHNEE.

SCHÖN IST ES JETZT, DURCH DEN WALD ZU WANDERN. AUF DEN WEIT HERABHÄNGENDEN ZWEIGEN DER NADELBÄUME LIEGT SO VIEL SCHNEE, DASZ MAN GAR NICHT DEN HIMMEL SIEHT. UND ES SCHNEIT IMMERFORT. ALLMÄHLICH BRICHT DIE DÄMMERUNG HEREIN.

PUCKERL GIBT SICH ALLE MÜHE, DEN PFAD NICHT ZU VERLIEREN. DAS WÄRE SCHLIMM, SICH IN DIESEM SCHNEETREIBEN ZU VERIRREN! MUCKERLS SCHRITTE WERDEN IMMER KÜRZER, IMMER UNSICHERER. ES IST NICHT LEICHT, AUF SO KLEINEN FÜSZEN DURCH DEN SCHNEE ZU STAPFEN.

„ICH BIN GAR NICHT MÜDE!" VERSICHERT TROTZIG DAS ZWERGEN MÄDERL UND KANN DOCH DIE AUGEN KAUM NOCH OFFEN HALTEN.

„NEIN, NEIN, WIR SIND NICHT MÜDE! ABER EINE KLEINE RAST KÖNNEN WIR DENNOCH MACHEN!" SCHLÄGT PUCKERL VOR.

DIE ZWERGEN KINDER SETZEN SICH UNTER EINEM BAUM AUF EINEN SCHNEEFREIEN MOOS POLSTER. SIE KUSCHELN SICH AN EIN ANDER. DIE AUGEN FALLEN IHNEN ZU. ES WIRD GANZ STILL UM SIE.

NACH EINER WEILE KNACKT ES OBER DEN ZWERGEN KINDERN IM GEÄST. ETWAS HUSCHT UND SPRINGT UND GLEITET.

„HALLO!" RUFT EINE FREUND LICHE STIMME, „SEID IHR PUCKERL UND MUKKERL?"

„JA!" FLÜSTERN DIE BEIDEN KLEINEN UND WOLLEN NICHTS ANDERES

ALS LIEGEN UND SCHLAFEN.

„ABER, ABER! STEHT DOCH AUF! ICH BIN DAS EICHHÖRNCHEN! EURE ELTERN SCHICKEN MICH! ICH SOLL EUCH HEIMTRAGEN!"

PUCKERL UND MUCKERL RÜHREN SICH NICHT. SIE SIND SCHON WIEDER EINGESCHLAFEN.

JETZT WIRD DAS EICHHÖRNCHEN ABER BÖSE. „SOFORT AUFSTEHEN!" PFAUCHT ES, SO LAUT ES KANN.

NUN HABEN PUCKERL UND MUCKERL GEHÖRT, SCHLAFTRUNKEN RAPPELN SIE SICH AUF.

„STEIGT AUF MEINEN RÜCKEN UND HALTET EUCH FEST!" BEFIEHLT DAS EICHHÖRNCHEN STRENG. PUCKERL UND MUCKERL GEHORCHEN, UND NUN BEGINNT EIN WILDER RITT. DAS TIERCHEN LÄUFT, WAS ES LAUFEN KANN. HOPP, HOPP, GEHT ES DAHIN, DA WERDEN DIE ZWERGENKINDER BALD WIEDER HELLWACH.

„DAS GUTE EICHKÄTZCHEN TRÄGT

UNS BIS NACH HAUSE, UND SO BEKOMMT ZWERG BRUMMELBEIN DOCH NOCH SEINE MEDIZIN!" MUCKERL WEISZ SICH VOR FREUDE NICHT ZU FASSEN.

SIE SIND SCHON BEI DER KLEINEN TANNE, DIE ALS WÄCHTER AM DORFEINGANG STEHT, - MAN SIEHT BEREITS DEN HELLEN LICHTSCHEIN, DER AUS DEN FENSTERN DER ZWERGENHÄUSCHEN DRINGT, - UND JETZT - JETZT WILL DAS EICHHÖRNCHEN AN ZWERG BRUMMELBEINS HÜTTE VORÜBERLAUFEN!

„HALT, HALT!" SCHREIEN PUCKERL UND MUCKERL WIE AUS EINEM MUNDE, „WIR SIND SCHON DA!"

DAS EICHHÖRNCHEN MACHT NOCH EINEN HOPSER – ES KANN NICHT SO PLÖTZLICH STEHEN BLEIBEN – UND PUCKERL UND MUCKERL PURZELN KOPFÜBER IN DEN SCHNEE. DER WEISZE FLAUM LIEGT SO HOCH, DASZ DIE KINDER DARIN VERSINKEN UND VON IHNEN FAST NICHTS MEHR ZU SEHEN IST. ABER DAS MACHT NICHTS! PRUSTEND UND LACHEND KRABBELN DIE BEIDEN IN DIE HÖHE.

DOCH KAUM SIND SIE WIEDER AUF DEN BEINEN, DURCHFÄHRT PUCKERL EIN EISIGER SCHRECK: „MEIN RUCKSACK IST WEG! DER MUSZ MIR BEI DEM STURZ VOM RÜCKEN GERUTSCHT SEIN. UND DIE MEDIZINFLASCHE! WENN DIE ZERBROCHEN IST! MUCKERL, MUCKERL, BITTE HILF MIR SUCHEN!"

MIT DEN KLEINEN, FROSTSTARREN HÄNDEN WÜHLEN DIE KINDER IM SCHNEE, ABER DAS RÄNZEL IST NICHT ZU FINDEN.

„WARTET, DAS KANN ICH BESSER!" RUFT DAS EICHHÖRNCHEN. MIT SEINEM

BUSCHIGEN SCHWANZ FEGT ES WIE MIT EINEM BESEN DEN SCHNEE ZUR SEITE, MIT DEN PFOTEN GRÄBT ES IMMER TIEFER UND TIEFER, SO DASZ ES GERADEZU KOPFSTEHT.

MUCKERL RINNEN DIE TRÄNEN ÜBER DAS GESICHT. VERGEBLICH ALLE MÜHE, VERGEBLICH DIE LANGE REISE! ARMER BRUMMELBEIN!

DA SCHREIT PUCKERL AUF, DENN GERADE ZIEHT DAS EICHHÖRNCHEN DAS RÄNZEL AUS DEM LOCH HERAUS.

„MEIN RUCKSACK! MEIN RUCKSACK!" JUBELT PUCKERL.

MUCKERL STÜRZT SICH DARÜBER UND SCHNÜRT HASTIG DEN RUCKSACK AUF. „GOTTLOB! DIE MEDIZINFLASCHE IST NICHT ZERBROCHEN!"

GLÜCKLICH WENDET SICH PUCKERL DEM EICHHÖRNCHEN ZU: „WIR DANKEN DIR VIELTAUSENDMAL, DU LIEBES EICHKÄTZCHEN. WAS HÄTTEN WIR OHNE DICH GEMACHT?"

DANN STÜRMEN DIE KINDER, SO WIE SIE SIND, IN ZWERG BRUMMELBEINS STÜBCHEN.

„HIER IST DIE MEDIZIN! BALD BIST DU DEINE SCHMERZEN LOS!" JAUCHZEN DIE BEIDEN, UND PUCKERL DRÜCKT DIE GROSZE FLASCHE IN ZWERG BRUMMEL-BEINS HÄNDE.

DER KRANKE ZWERG KOMMT GAR NICHT DAZU, SICH ZU BEDANKEN. PUK-

KERL UND MUCKERL SIND SCHON WIEDER AUF UND DAVON. WIE EIN WIRBELWIND FAHREN SIE IN DIE STUBE, IN DER IHRE ELTERN SCHON VOLLER SORGE WARTEN. MUCKERL FLIEGT AN VATERS HALS.

„NIE WIEDER LASSEN WIR EUCH FORT!" SCHLUCHZT DIE MUTTER UNTER TRÄNEN UND STREICHELT PUCKERLS FEUCHTEN HAARSCHOPF.

UND WO IST DAS EICHHÖRNCHEN GEBLIEBEN?

DORT DRÜBEN SITZT ES UND REIBT SICH DIE PFÖTCHEN.